ERNELINDE,
PRINCESSE DE NORVEGE
TRAGÉDIE LIRIQUE
EN TROIS ACTES,
REPRÉSENTÉE, POUR LA PREMIERE FOIS,
PAR L'ACADÉMIE-ROYALE
DE MUSIQUE,
Le Mardi 24 Novembre 1767.

Nec Deus intersit.
Hor. Art. Poet.

PRIX XXX. SOLS.

AUX DÉPENS DE L'ACADÉMIE.
A PARIS, Chés DE LORMEL, Imprimeur de ladite Académie, r
du Foin, à l'Image Sainte Geneviève.
On trouvera des Livres de Paroles à la Salle de l'Opera.

M. DCC. LXVII.
AVEC APPROBATION ET PRIVILEGE DU ROI.

Le Poeme est de M. *POINSINET*, de l'Académie des Sciences & Belles-Lettres de Dijon, & de celle des Arcades de Rome.

La Musique est de M. *A. D. PHILIDOR*.

A
MONSEIGNEUR LE COMTE
DE SAINT-FLORENTIN,
MINISTRE ET SECRETAIRE D'ÉTAT.

MONSEIGNEUR;

En vain quelques succès me sembloient devoir enhardir dans la carrière des Arts ; je ne me suis cru digne de cueillir le fruit de mes travaux, que du moment où VOTRE GRANDEUR *en a bien voulu recevoir l'hommage. Le sentiment intime de ma foiblesse avoit jusqu'ici borné mon essor ; mais vos bontés ont élevé mon âme. Les grandes idées naissent de l'impression que font en nous les grandes vertus. Eh, quel spectacle plus intéressant & plus sublime que celui du cœur d'un Ministre qui, premier dispensateur envers les Arts des bienfaits du meilleur des Monarques,* y semble ajoûter une grâce nouvelle, par le plaisir qu'on voit qu'il éprouve à les répandre! Voilà le trait qui vous caractérise, MONSEIGNEUR: c'est à lui que vous devés la satisfaction de vous savoir aimé pour vous-même, & la douceur de lire dans les yeux & dans les cœurs de tous ceux qui vous approchent, la reconnoissance la plus tendre, l'attachement le plus inviolable, le respect le plus profond. Si je pouvois multiplier l'expression des sentimens, comme vous aimés à multiplier les grâces, je ne rougirois pas, en ne vous offrant ici que la foible esquisse de ceux avec lesquels je serai toute ma vie,

MONSEIGNEUR;

DE VOTRE GRANDEUR;

Le très-humble & très-
obéissant serviteur,
POINSINET.

AU LECTEUR.

J'AI imité de l'Italien ce Poeme, composé par MATHIEU NORIS, *Vénitien*, & représenté, pour la premiere fois, à Venise en 1684, sur le théâtre de saint Chrisostôme, qui étoit alors un des plus fameux de l'Europe. Cet Auteur a joui long-tems, même après sa mort, d'une grande réputation ; nous avons de lui 40 opera, mais celui-ci est le seul qui se soit conservé sur les théâtres d'Italie, malgré la vicissitude des goûts & des tems. Je l'ai vu représenter à Parme, mis en Musique par le sieur FERARDINI, Professeur à Naples: Le grand intérêt qui me parut résulter de ce Drame, me détermina d'abord à le traduire, & de retour en France, cherchant à tenter un nouveau genre sur le théâtre de notre *Académie-Royale*, j'ai cru ne pouvoir mieux faire que de l'imiter. Le fameux Abbé METASTASIO m'avoit prévenu ; il en a copié des scènes entieres, & notament la septieme du second acte, dans son Adrien : il ne m'en falloit pas davantage pour me convaincre du mérite réel de ce Poeme. Mais quels changemens n'ai-je pas été contraint d'y faire ? Un opera dure cinq heures en Italie, il n'en doit pas durer trois en

France, encore est-il nécessaire d'y inférer au moins un Ballet par Acte, chôse absolument inconnue dans l'Opera Italien. A Paris tout se chante ; à Rome, à Londres, à Vienne, les scênes se débitent. A ces corrections, que la durée horaire & le goût National m'ont rendu indispensables, j'en ai joint, que mon goût particulier m'a dictées. Le troisieme acte n'a aucune ressemblance avec l'original. Dans l'Italien, la Princesse devient folle, prend le tiran pour le Dieu Neptune, & débite mille extravagances, à-peu-près comme dans l'Hamlet de Sakeaspeare, où la tête tourne au Prince, qui prend le Ministre du Tiran pour un rat qui fuit derriere une tapisserie. Il m'a fallu retrancher la double intrigue, & parconséquent deux personnages ; restraindre infiniment les mutations de scênes, changer même le titre : enfin, dans le Poeme que je soumèts aujourd'hui au Public, il ne reste plus de conformité que dans les deux premiers actes, avec celui qui m'a d'abord servi de guide.

ARGUMENT DE LA TRAGÉDIE,
TRADUIT DE L'ITALIEN.

Sitôt que les Sarmates, les Scithes & les autres Peuples qui habitoient les rivages du Glamen & du Nieper, eurent renoncé à la Démocratie; ils perdirent, avec la forme de leur gouvernement, leur gloire & leurs vertus. Tour-à-tour opprimés par des Tirans heureux, ou persécuteurs eux-mêmes des Rois qu'ils avoient couronnés, le Nord ne devint plus qu'un théâtre de carnage. GRIMOALD, Roi de Norvege, chassé de ses États par ses propres Sujets, se retira, avec sa fille EDVIGE, auprès de RICIMER, Roi de Suede. RODOALD fut élevé par les Rebelles sur le Trône de Norvege; mais l'infortune de son rival ne tarda pas à soulever contre lui tous les Souverains du Nord, qui unirent leurs forces à celles de RICIMER, pour rétablir la Couronne sur le front de GRIMOALD. RODOALD pendant une suite d'années, sut résister à ce torrent, & tenir en balance la fortune de l'Empire, successivement vainqueur & vaincu : dans l'un des combats qui suivirent cette grande querelle, il frappa mortellement ALARIC, frere de RICIMER. Dèslors rien ne réussit à calmer l'indignation. Envain la mort naturelle de GRIMOALD donnoit-elle des ouvertures à la paix; RICIMER ne respiroit que vengeance. RODOALD fut vaincu & jetté dans les fers; mais l'infidele Roi des

8 ARGUMENT DE LA TRAGÉDIE.

Goths, épris tout-à-coup de la beauté de la fille du Roi de Norvege, promise elle-même à l'héritier présomptif du Royaume de Danemarck, oublia les sermens qu'il avoit faits à GRIMOALD *mourant, de remettre le Sceptre entre les mains de la Princesse* EDVIGE, *& ne rougit point de le vouloir retenir. Cette perfidie indigna ses Alliés, & surtout le jeune Prince de Danemarck, qui avoit en outre l'intérêt de son cœur à défendre. On résolut de briser les fers de* RODOALD, *avec cette condition qu'il cederoit l'Empire au Prince de Danemarck, qui épouseroit sa fille.* EDVIGE *renonça volontairement au Trône, & se retira en Boheme, &* RICIMER, *vaincu à son tour, n'obtint la vie & la permission de retourner dans ses États, qu'en choisissant pour son héritier le même Prince de Danemarck, qui par ce moyen forma la premiere réunion des trois Couronnes du Nord, & fut proclamé Roi du Danemarck, de la Suede & de la Norvege.*

ACTEURS

ACTEURS CHANTANTS
DANS LES CHŒURS.

Côté du Roi.		Côté de la Reine.	
Mesdemoiselles.	*Messieurs.*	*Mesdemoiselles.*	*Messieurs.*
Durand.	Albert.	Dagée.	Vaudemont.
La Croix.	Tourcati.	Duprat.	Cailteau.
Delor.	L'Ecuyer.	Lebourgeois.	Héri.
Guillaume.	Paris.	Jouette.	
Delaistre.	Touvois	Chenais.	Vatelin.
Beauvais.	Rose.	Legrand.	Vanheke.
Fontenet.	Robin.	Adélaïde.	Candeille.
Friard.	Antheaume.	Hebert.	
Héri.		Desrosieres.	Boi.
St. Leger.	Méon.	Dalincour.	Laurent.
Lemaire.	Botson.	de Lusignan.	Dupar.
Beausse.	Cleret.	Ferriere.	Huet.
Richard.	Le Brument.	Faussard.	Galli.
		Thevenon.	
des Angles.	Beghain.	Leger.	Narbonne.

ACTEURS CHANTANTS.

ERNELINDE, *Princesse de Norvege*, Mlle. L'Arrivée.
RODOALD, *Pere d'*ERNELINDE,
  Roi de Norvege, M. Gélin.
SANDOMIR, *Prince Royal de*
  Dannemark, M. le Gros
ÉDELBERT, *ami de* SANDOMIR, M. Cassaignade.
RICIMER, *Roi de Gothie & d'Ingrie*, M. L'Arrivée.
UNE NORVEGIENNE, M^{ll}. du Brieulle.
UN NORVEGIEN, M. de la Suze.
UN DANOIS, M. Muguet.
UN MATELOT *Danois*, M. de la Suze.
UN LIEUTENANT *de* RICIMER, M. Cuvillier.
LE GRAND-PRÊTRE *de* MARS, M. des Noyers.
SACRIFICATEURS.
LA GRANDE-PRÊTRESSE *de* VENUS, Mlle. du Plant.
PRÊTRES.
PEUPLES *de la Norvege*.
SOLDATS { Norvegiens. Danois. Goths & Ingrois. }
GARDES.
MATELOTS.
FEMMES *Norvegiennes*.
VIEILLARDS.
PEUPLES *Islandois*.
TARTARES.
COSAQUES.
LAPONS.

La Scêne est dans la Ville de NIDROSIE, aujourd'hui
    DRONTHEIM, *Capitale de la Norvege*.

PERSONNAGES DANSANTS.

ACTE PREMIER.
DANOIS & DANOISES.

M. GARDEL.

Mrs. RIVIERE, GRANIER.
Mlles. GAUDOT, GRANDI.

M^{s.} Trupti, Lani, Pierson, Allard
M^{les.} Mercier, David, Delfevre, Larie.

NORVEGIENS & NORVEGIENNES.

Mlle. GUIMARD.

Mrs. ROGIER, LEGER.
Mlles. DUPEREI, MION.

Mrs. Doffion, Despreaux, Gardel, c., Martinet,
Aubri, Caster.

Mlles. de Miré, s. Martin, Patras, Niel,
de Bagé, Lavau.

ACTE SECOND.
MATELOTS DANOIS

M. DAUBERVAL.

Mlle. ALLARD.

Mlle. PESLIN.

Mrs. du Bois, Giguet, Liesse, Simonin, Gardel, c.,
le Brun, la Rue, Allix, Gambu, Cézar.
Mlles. Adélaïde, Mercier, le Roi, la Fond, Buart,
la Croix, Riviere, Hidoux, Villette, de Launai.

B ij

ACTE TROISIEME.

NORVEGIENS & NORVEGIENNES.

M. VESTRIS.
M. LANI, M^{de}. PITROT.

M^{rs}. Doffion, Gardel, c., Aubri, Defpreaux.
Mlles. de Miré, s. Martin, Patras, Niel.

TARTARES.

Mlle. ALLARD.

M^{rs}. Trupti, Lani, c., Cafter, Allard.
Mlles. Adélaïde, la Fond, David, Delfevre.

COSAQUES.

M. DAUBERVAL.

M^{rs}. Granier, Giguet, Lieffe, la Rue.

LAPONS.

M^{rs}. le Brun, Durand, Beaulieu.
Mlles. Dervieux, Audinot, Louifon.

ERNELINDE,
TRAGÉDIE.

ACTE PREMIER.

Le Théâtre représente une partie de la Citadelle de NIDROSIE : on voit, d'un côté, sur le devant, un autel consacré au Dieu Oden, ou Mars, & de l'autre, vers le fond, différents ouvrages de fortifications.

SCENE PREMIERE.
ERNELINDE, RODOALD, SOLDATS
ERNELINDE.

Quoi ! vous m'abandonnés, mon pere ?
Vous fuyés de mes foibles bras ?

ERNELINDE,

RODOALD.

Laisse-moi courir aux combats.

ERNELINDE.

Pourquoi m'abandonner, mon pere ?

RODOALD.

Entends-tu les cris des soldats ?
Je les trahis, si je differe :
C'est à moi de guider leurs pas.

ERNELINDE.

Votre valeur me desespere ;
Laissés triompher d'autres bras.

RODOALD.

Laisse-moi courir aux combats.

ERNELINDE.

Vous m'abandonnés, o mon pere !
Vous fuyés de mes foibles bras ?

Eh, que pourra votre courage ?
Des Souverains du Nord les efforts sont unis.

RODOALD.

Sandomir dans leur sein a fait passer sa rage ;
Je le hais plus, lui seul, que tous mes ennemis.

Ce jeune ambiteux, fier du rang qu'il espere,
  ôsa sur toi lever les yeux:
Nos traités m'unissoient alors avec son pere;
Je te permis de répondre à ses vœux:
Mais, depuis trois hivers, le glaîve de la guerre
Et la raison d'État ont brisé tous nos nœuds

ERNELINDE.

D'un pere criminel c'est le fils vertueux.

RODOALD.

Pourquoi de Ricimer épouse-t-il la haîne?
Vient-il venger son frere, immolé par mon bras!
Te croit-il mériter, en brûlant mes états?
Non, plus d'espoir de paix: ou leur mort, ou la mienne.
  (*aux soldats.*)
    Marchons.

ERNELINDE.
      Je ne vous quitte pas.
Quoi... seule... & dans ces lieux!.. qui pourra m'y
  défendre?

RODOALD.

Ta vertu, ton devoir. Adieu.

ERNELINDE.
            Daignés m'entendre.

RODOALD, *s'armant d'un sabre, d'un casque & d'un bouclier.*

Donnés, donnés ce fer : &, s'il faut succomber,
Dieu des combats, si ton bras m'abandonne,
Je soûtiendrai du-moins l'honneur de ma couronne.
Et c'est le glaive en main qu'on me verra tomber.
(*Il sort, suivi des soldats.*)

SCÈNE II.

ERNELINDE, CHŒUR *de combattants & d'assiégeants, qu'on ne voit pas.*

ERNELINDE.

Ciel, prenés sa deffense!

CHŒUR *de combattants.*

Vengeance, vengeance!

ERNELINDE.

Quels cris affreux
Frappent les cieux?

CHŒUR *d'assiegeants.*

Renversons ces murs odieux.

ERNELINDE.

Juste ciel, tu marquas ce jour dans ta colere!

CHŒUR

TRAGÉDIE.

CHŒUR de combattants.

Deffendons nos murs malheureux.

ERNELINDE.

Barbares... épargnés mon pere,
Épargnés mon amant... que dis-je? o jour affreux!

Au milieu des cris & des armes
Et du carnage & de l'horreur,
O mes yeux, retenés les larmes
Que l'amour arache à mon cœur.

Sandomir, c'est ta main sanglante
Qui renverse ces murs, que tu devrois chérir;
Tu poursuis à la fois mon pere & ton amante,
Et mon indigne cœur ne sauroit te hair!

(*On voit sortir des flâmes des ouvrages attaqués.*)

Des tourbillons de feu s'élevent dans la nue!..

CHŒUR d'assiegeants.

Combattons, combattons:
Nous triomphons.

ERNELINDE.

O ciel!

CHŒUR d'assiegeants.
Nous l'emportons.
CHŒUR de combattants.
Nous succombons.
ERNELINDE.
Grands Dieux !
CHŒUR de combattants.
Nous périssons.
Tous les CHŒURS.
Combattons.
ERNELINDE.
Ciel ! o ciel !
Tous les CHŒURS.
Combattons, combattons.
(*La flâme augmente ; un des ouvrages est emporté, & s'écroûle en partie.*)
ERNELINDE.
Nos malheurs sont comblés : la Norvege est vaincue.
Ciel, on s'avance vers ces lieux...

Autel sacré, je t'embrasse, je tombe ;
Sois mon asile, arrête un vainqueur furieux ;
Qu'à tes piés je trouve ma tombe !
(*Elle tombe évanouie sur les degrés de l'autel.*)

SCÈNE III.

ERNELINDE, *évanouie* ; SANDOMIR, *entrant au milieu des flâmes & des débris, précédé & suivi de soldats* DANOIS.

SANDOMIR & le CHŒUR.

R{ Animés / Ranimons } ces feux dévorants ;
Que la mort vole & nous devance :
Dressons l'autel de la vengeance
Sur des monceaux de corps sanglants.

SANDOMIR, *avançant sur la scène, & appercevant* ERNELINDE.

Que vois-je ?.. je frémis !.. Ernelinde expirante !..

(*aux soldats.*)

Arrêtés, chers amis... quel moment douloureux !..

(*à la Princesse.*)

Leve sur moi ta paupière mourante,
Entends ma voix, ouvre les yeux ;

(*se jettant à ses genoux.*)

C'est moi, c'est ton amant.

ERNELINDE.

Où suis-je?.. justes Dieux!
Barbare, éloigne-toi; ton aspect m'est affreux.

SANDOMIR.

Eh bien, accâble-moi de toute ta colere.
J'ai de ton ennemi suivi les étendarts;
J'ai, sous ses loix, vengé son frere;
J'ai porté jusqu'à tes regards
L'effrayant tableau de la guerre :

Punis-m'en, tu le dois: mais descends dans mon cœur;
Songe à ces feux si purs, à cette ardeur si chere,
A ces nœuds, brisés par ton pere;
Et n'accuse que lui de toute ma fureur.

Je te jurois, doux espoir de mon âme,
De t'adorer jusqu'à la mort;
J'animois ton cœur de ma flâme,
Tu partageois mon doux transport;
On nous sépare, & je t'adore !
Ah, prends pitié de ma douleur;
Et laisse-moi penser encore,
Que l'arrêt affreux que j'abhorre
N'eût jamais l'aveu de ton cœur.

TRAGÉDIE

ERNELINDE, *attendrie, & à elle.*

Ah, mon pere !

SANDOMIR.

Il respire.

ERNELINDE.

Il vit !..Sois magnanime ;
Pour mériter sa fille, ôse t'armer pour lui ;
Rougis de le combattre, & deviens son appui.

SANDOMIR.

C'est toi qui m'ordonnes un crime !

ERNELINDE.

Et tu m'aimes !... Adieu.

SANDOMIR, *la retenant.*

Demeure...ah, quels instants !
L'excès de sa douleur redouble encor ses charmes ;
Je ne puis supporter l'aspect de ses tourments.

Amis, qui triomphés à l'ombre de mes armes,
Venés, voyés la beauté dans les larmes,
Et partagés mes sentimens.

SANDOMIR & le CHŒUR.

Jurés } sur { vos glaîves sanglants
Jurons }   { nos

22　ERNELINDE,

De vous }
De nous } armer pour elle & pour son pere.

Et toi, que le Scithe revere,
O Mars ! reçois nos sermens.

ERNELINDE.

Tu rassûres mon cœur : mais je vole à mon pere.

(Elle sort vivement.)

SANDOMIR.

(On entend une simphonie de triomphe.)

Non… Déja le vainqueur s'annonce par ces chants.

SCÈNE IV.

RICIMER, porté sur un pavois ; SOLDATS de la Gothie, de la Suede & de l'Ingrie ; ÉDELBERT, SOLDATS Danois ; SANDOMIR.

(Les vainqueurs entrent sur le théâtre par la brêche, à la faveur de laquelle on voit le camp des assiégeans, & plusieurs de leurs machines de guerre.)

LE CHŒUR.

Victoire, victoire !
Nos fronts de lauriers sont couverts ;

Les échos jufqu'aux cieux font voler notre gloire,
Et nous traînons nos ennemis aux fers:
Victoire, triomphe, victoire!

RICIMER, à SANDOMIR.

Jeune & brave guerrier, ce n'eft qu'à vos vertus
Que je dois ce grand avantage:
(*Il partage en deux une couronne de laurier, dont il lui donne la moitié.*)

Recevés ces lauriers, & prenés en partage
La dépouille de nos vaincus.
Je ne demande ici, pour prix de mon courage,
Que d'y marquer mes jours par mes bienfaits.

J'apperçois nos captifs.

SANDOMIR, *voyant la Princeffe & fon Pere.*
Ah, quels triftes objèts!

SCÈNE V.

Les Acteurs de la scène précédente, RODOALD, ERNELINDE, Soldats Norvegiens vaincus & enchaînés, Femmes Norvegiennes.

ERNELINDE, à son pere.

Laissés-moi partager vos fers & votre outrage.

RODOALD, à Ricimer.

Tu l'emportes, tiran ! acheve ton ouvrage,
Voilà mon sein ; la mort est un besoin pour moi ;
Je l'attends de ta main ; frappe !

RICIMER.

       Oui, je te la doi.
Pour mieux venger mon frere & prolonger tes peines,
A mon char triomphant je te devrois traîner :
 Mon devoir fut de t'accâbler de chaînes ;
Je t'ai vaincu : ma gloire est de te pardonner.

RODOALD.

Ah, barbare !

RICIMER.
   En vain tu me braves.

Et vous, belle Ernelinde, appaisés vos douleurs;
Je ne m'offre à vos yeux que pour sécher vos pleurs.
Que mes regards ne trouvent plus d'esclaves:
(aux soldats Ingrois.)
Allés, obéissés; que l'on brise leurs fers.

(Les vainqueurs ôtent les fers des vaincus; SANDOMIR court arracher ceux de RODOALD, qui semble s'y opposer.)

A ma voix que la mort s'arrête.
Peuples du nord unissés vos concerts;
Chantés, formés la plus brillante fête;
De vos noms remplissés les airs.

Aux fiers accents de la trompette
Mêlés vos paisibles hautbois;
Chantés, formés la plus brillante fête:
Le bonheur des sujets fait la gloire des rois.

De vos accords que les cieux retentissent:
Je vous donne la paix, goutés-en les douceurs;
Que ses liens à-jamais réunissent
Et les vaincus & les vainqueurs.

RODOALD & ERNELINDE.
Allons cacher notre opprobre & nos pleurs.
(Ils sortent.)

D

ERNELINDE,

RICIMER & les PEUPLES.

A { ma / sa } voix que la mort s'arrête.

Peuples du nord unissés vos concerts, &c.

(On danse.)

UN NORVEGIEN & UNE NORVEGIENNE.

Dans nos asiles,
Doux & tranquilles,
Heureuse paix
Regne à-jamais.

LE CHŒUR.

Dans nos, &c.

LE NORVEGIEN & LA NORVEGIENNE.

Enrichi des dons de la terre,
Le laboureur attend le retour des saisons ;
Il ne craint plus qu'un soldat téméraire
Vienne, à ses yeux, ravager ses moissons.

LE CHŒUR.

Dans nos, &c.

LE NORVEGIEN & LA NORVEGIENNE.

Bientôt ces armures affreuses,
Ces instruments de mort, qu'ont fabriqué nos mains,

Vont, sous des formes plus heureuses,
Ouvrir la terre & servir aux humains.

LE CHŒUR.

Dans nos, &c.
(*La fête continue.*)

RICIMER.

Il suffit : dépôsés vos armes,
Et de la paix allés goûter les charmes.
(*Tous les peuples sortent.*)

SCÈNE VI.

RICIMER, SANDOMIR, ÉDELBERT, *éloigné*, GARDES.

SANDOMIR.

Aux vœux de l'amitié satisfaites, Seigneur;
Vous me l'avés promis, ouvrés-moi votre cœur.
　　La paix semble en être bannie :
Épanchés dans mon sein vos secrèts.

RICIMER.

　　　　　　　　Tu le veux !..
De la haîne entre nous n'allumons point les feux;
　　Je le desire & je t'en prie.

Avant de m'élever au trône de l'Ingrie,
J'ai longtemps parcouru ces sauvages climats;
　　Rodoald m'ouvrit ses états :
Sa fille, jeune encor, mais déjà belle & fière,
　　Offrit à mes yeux ses appas;
Et dans ce cœur, nourri pour la haîne & la guerre,
Fit naître des desirs, qu'il ne connoissoit pas.

SANDOMIR.

Qu'entends-je ! ignorés-vous...

TRAGÉDIE.

RICIMER.

Non : mon âme est sincere.
On te promit sa main ; je l'ai su : mais j'apprends
Que Rodoald s'est immolé mon frere,
Qu'il te trahit toi-même & ses premiers sermens ;
Tout mon espoir renaît, & ma flâme & ma gloire
M'ordonnent...

SANDOMIR.

Arrêtés. Quels seroient vos desseins ?

RICIMER.

Tes droits anéantis, je fais parler les miens.

SANDOMIR.

Les vôtres !... quels sont-ils ?

RICIMER.

L'amour & la victoire.

SANDOMIR.

Tu ne la dois qu'à ma valeur.

RICIMER.

Qu'ôses-tu dire, téméraire !

SANDOMIR.

Que je m'efforce en vain d'étouffer ma colere ;
Qu'avant de me ravir l'amante la plus chere,
Il faudra commencer par me percer le cœur.

ERNELINDE.

RICIMER.

J'excuse ton jeune courage :
Mais songe à respecter mes feux.

SANDOMIR.

Tu joins la menace à l'outrage !
Redoute un amant furieux.

RICIMER.

Audacieux !

SANDOMIR.

Barbare !

RICIMER.

Quand je puis d'un mot t'accâbler,
Ami perfide !

SANDOMIR.

Roi barbare !

RICIMER & SANDOMIR.

Ainsi ta haine se déclare.

SANDOMIR.

Esperes-tu me voir trembler ?

RICIMER & SANDOMIR.

Eh bien, il faut te satisfaire.

TRAGÉDIE.

RICIMER.
Que le sang coûle en ce séjour.

SANDOMIR.
Rapellons la mort & la guerre.

RICIMER & SANDOMIR.
Et que les cris de la colere
Soient ici les chants de l'amour.

(RICIMER *sort, suivi de ses gardes.*)

SCÈNE VII.
SANDOMIR, EDELBERT.

SANDOMIR.
JE demeure immobile.

ÉDELBERT.
Il vous doit sa conquête,
Seigneur ; & de vos bras il veut ravir...

SANDOMIR.
Arrête :
N'irrite point un cœur déjà trop furieux.

Rassemble nos guerriers, ranime leur audace;
Qu'ils arment, en secret, leurs bras victorieux:
   Pour aujourd'hui, sois leur chef en ma place;
L'intérêt de mon cœur me fixe dans ces lieux.

ÉDELBERT.

Faut-il que votre ami pour vous se sacrifie?
Je suis prêt à remplir ce glorieux devoir.

SANDOMIR.

   C'est en toi que je me confie:
Sers mon amour; préviens mon desespoir.
                  (ÉDELBERT *sort.*)

SCÈNE VIII.

SANDOMIR, *seul.*

O Toi! chere âme de ma vie,
  Cher objet de mes premiers feux;
  Toi, que les Dieux avoient choisie
  Pour m'assûrer des jours heureux:
  S'il faut que tu me sois ravie,
De flots de sang j'innonderai ces lieux.
  Nous séparer!.. non, non; tu m'ès trop chere;
    Je te disputerois aux Dieux:
    Et, s'ils allumoient leur tonnerre,
Le même coup nous frapperoit tous deux!

FIN DU PREMIER ACTE.

ACTE SECOND.

Le Théâtre repréſente le Port de NIDROSIE, dans la Mer Baltique. Le calme regne. On voit, ſur le devant, des chalouppes, que l'on charge des ballots qu'elles doivent tranſporter aux vaiſſeaux, que l'on apperçoit dans le lointain, & qui ſont appareillés pour le départ.

SCÈNE PREMIERE.

RICIMER, GARDES.

RICIMER.

Transports, tourments jaloux, amour de la vengeance,
Ah, que vous déchirés mon cœur !
Oſés-vous lâſſer ma clémence,

Fatals objèts, qui causés ma douleur?
Tremblés, ingrats! redoutés ma fureur.

Transports, tourments jaloux, amour de la vengeance,
Ah, que vous déchirés mon cœur!

L'orgueilleux Sandomir insulte à ma puissance,
Il brave un monarque, un vainqueur!
Que dis-je? en ces moments, où l'ennui me dévore;
Peut-être n'en croit-il que sa coupable ardeur?
Aux piés de la beauté, qu'en frémissant j'adore,
Peut-être en obtient-il l'aveu le plus flateur?
Ah, si je le croyois, ma jalouse fureur
Égaleroit le suplice à l'offense!

Transports, tourments jaloux, amour de la vengeance,
Eclatés, achevés de déchirer mon cœur.

Écartons de ma vue un rival qui m'outrage.
Ses vaisseaux, par mes soins, rassemblés dans ce port,
Vont, avec ses Danois, l'enlever du rivage:
Qu'il parte, je le veux; s'il balance, il est mort.

TRAGÉDIE.

SCÈNE II.
RICIMER, GARDES, ERNELINDE,
FEMMES Norvegiennes de sa suite.

ERNELINDE.

ÉCoute, Ricimer. L'inconstante victoire
T'éleve sur le trône, & nous met dans les fers :
Mais tu peux mériter la véritable gloire.
Dans les rochers du nord, au fond de ses deserts,
Laisse-moi m'exiler... j'y conduirai mon pere :
  Permèts qu'au-moins notre misere
  Soit inconnue à l'univers.

RICIMER.
Non, demeurés : je veux qu'ici la paix répare
  Les maux, dont je vous vois gémir.
Formés des vœux plus doux : soyons unis.

ERNELINDE.
        Barbare !
Est-ce ton amitié que tu me viens offrir ?

RICIMER.
  J'ôse plus vous offrir encore.
Trône, empire, sujèts, vous n'avés rien perdu :

Écoutés les soûpirs d'un roi, qui vous adore,
Et que l'himen…

ERNELINDE.

L'ai-je bien entendu !

RICIMER.

Né dans un camp, parmi les armes,
Je connois peu l'art des amants ;
Et mon cœur, qu'enflâment vos charmes,
N'a de l'amour encor senti que les tourments.
La conquête d'un cœur sauvage
Est pour vos yeux un triomphe de plus :
Mais apprenés que mon hommage
De vos appas est moins l'ouvrage,
Qu'il n'est celui de vos vertus.

ERNELINDE.

A ce dernier malheur aurois-je dû m'attendre ?
Et vous le permettés, grands Dieux !
Sur les débris fumants de ma patrie en cendre,
Ce tiran, de l'Amour ôse allumer les feux !

RICIMER.

Quand je m'abaîsse à la prière,
Oubliés-vous qu'ici je puis donner des loix ?
Que j'y suis roi ?

TRAGÉDIE.

ERNELINDE.
Je sais quel fut mon pere.

RICIMER.
Il est vaincu : le Nord s'humilie à ma voix.
Je pare votre front d'un double diadême ;
Je rétablis Rodoald dans ses droits.

ERNELINDE.
Sa couronne, à ce prix, l'indigneroit lui-même.

RICIMER.
Je vous entends : craignés mon amour, ma fureur ;
Tremblés ! de vos refus la source se décele ;
Sandomir est perdu.

ERNELINDE.
Que dites-vous ?

RICIMER.
Cruelle !
Ce soûpir a trahi ton cœur.
Mais j'ai su tout prévoir : déjà sa flotte est prête ;
Les vents vont pour-jamais en délivrer mes yeux.

ERNELINDE.
Crois-tu qu'il t'obéisse ?

ERNELINDE,

RICIMER.

Il y va de sa tête.
Pour son départ formés plûtôt des vœux.

(*Il sort.*)

ERNELINDE.

Va, je prévois mon sort; je sens qu'il est affreux.

SCÈNE III.

ERNELINDE, FEMMES *Norvegiennes.*

Cher objet d'une tendre flâme,
Que devoient protéger les Dieux;
Toi, le premier qui dans mon âme
De l'Amour allumas les feux;
Dans ton sein porte mon image;
La tienne vivra dans mon cœur.
Arrête encor sur le rivage;
Attends, ménage ma douleur:
On t'enleve à mon esperance,
On brise les nœuds les plus chers:
Non; mon âme vers toi s'élance,
Elle te suivra sur les mers.

(*Elle sort.*)

TRAGÉDIE.

SCÈNE IV.
RICIMER, SOLDATS, PEUPLES, MATELOTS.
RICIMER.

Vous, dont j'ai guidé le courage,
Guerriers, rassemblés-vous ; quittés ce lieu sauvage ;
Accourés, généreux Danois :
A mes soldats, pour la derniere fois,
Unissés-vous sur ce rivage.
(*Les Peuples se rassemblent.*)
Chargés d'un butin glorieux,
Voyés les vents seconder votre envie :
Partés, fendés les mers, & de votre patrie
Allés revoir les bords heureux.
CHŒUR.
Chargés d'un butin glorieux,
Déjà les vents secondent notre envie :
Partons, fendons les mers, & de notre patrie
Allons revoir les bords heureux. (*On danse.*)
Un DANOIS & une NORVEGIENNE.
Par des chants, par des fêtes,
Venés, célebrons nos adieux.
Jeunes beautés, mêlés-vous à nos jeux ;
Le plaisir naît où vous êtes.

ERNELINDE,

Triomphés des vainqueurs :
Ici nous laissons nos cœurs.

CHŒUR.

D'HOMMES.	DE FEMMES.
Le plaisir naît où vous êtes. Triomphés des vainqueurs : Ici nous laissons nos cœurs.	Triomphons des vainqueurs : Ils nous laissent ici leurs cœurs.

UNE NORVEGIENNE.

Laissés, jeunes amantes,
A vos vainqueurs laissés franchir les mers.

CHŒUR.

A nos vainqueurs laissons franchir les mers.

LA NORVEGIENE.

Bientôt leurs âmes, plus constantes,
Viendront reprendre ici vos fers.

LE DANOIS.

Venés, de fleurs parer nos têtes ;
Que vos cœurs nous donnent des vœux.

Avec le CHŒUR.

Nous braverons les tempêtes ;
Nous quitterons ces lieux,
Protégés par tous les Dieux.   (*On danse.*)

UN MATELOT & LE CHŒUR.

Reçois nos hommages,
Souverain des mers :

Bannis

TRAGÉDIE.

Bannis les orages ;
Entends nos concerts :
Suspends les ravages
Des tirans des airs.

LE MATELOT.

De l'Amour les douces flâmes
Charment peu les matelots :
Le calme doit, dans leurs âmes,
Regner, comme sur les flots.

Avec le CHŒUR.

Reçois, &c.

LE MATELOT. (*On danse.*)

Versés la liqueur charmante ;
Cachés-nous de vains regrèts.
Le matelot rit & chante ;
Mais ne s'engage jamais.

Avec le CHŒUR.

Reçois, &c.   (*On danse.*)

LE MATELOT.

La gloire, en ces lieux sauvages,
A couronné nos guerriers.
Allons, sur d'autres rivages,
Chercher de nouveaux lauriers.

Avec le CHŒUR.

Reçois, &c.   (*On danse.*)

F.

RICIMER.

Les vents font en silence;
Prévenés leur couroux:
Il est doux de revoir les lieux de sa naissance.
Les vents font en silence;
Prévenés leur couroux:
Embarqués-vous, embarqués-vous.

CHŒUR.

Les vents font en silence;
Prévenons leur couroux:
Embarquons-nous.

(*Les Danois vont pour s'embarquer.*)

SCÈNE V.

LES ACTEURS *de la scène précédente*, SANDOMIR, ÉDELBERT.

SANDOMIR.

Que vois-je?.. quels apprêts!.. qui les fait entreprendre?

RICIMER.

Votre gloire en ces lieux n'a plus rien à prétendre.
(*Les Danois, les Norvegiens & les Matelots sortent.*)

TRAGÉDIE.

SANDOMIR.

Tu ne caches donc plus tes odieux projèts ?
Tu comptes tes égaux au rang de tes sujèts ;
Tu prétends m'ordonner...

RICIMER.

Vous avés dû m'entendre :
Partés.

SANDOMIR.

(*à Édelbert.*)

Vole à l'inſtant au port ;
Raſſemble mes guerriers ; que leur cri ſoit : vengeance !
(*Édelbert ſort.*)

(*à Ricimer.*)

Et toi, dans ce lieu même, où mon aſpect t'offenſe,
Frémis, tiran, de me revoir encor !
(*Il ſort.*)

RICIMER.

Crois-tu par tes fureurs étonner ma prudence ?

SCÈNE VI.

RICIMER, Soldats, RODOALD, *désarmé;*
deux GARDES, *qui portent un casque, un
bouclier & une épée.*

RICIMER.

Viens, Rodoald, & sois sans défiance
(*à part.*)
Dans son ambition je mèts tout mon espoir.
(*haut.*)
Approhe.

RODOALD.
Qui te fait desirer ma présence ?

RICIMER.
Nos communs intérêts, l'amitié, mon devoir.
Tes peuples & les miens, courbés sous leurs miseres,
Ont, trop long tems, gémi de nos tristes exploits ;
Il est tems d'oublier que nous sommes leurs rois,
    Pour mieux songer que nous sommes leurs peres.
Remonte sur le trône & commande en ces lieux.

TRAGÉDIE.

RODOALD.
Tu n'as pu m'accâbler ; tu voudrois me séduire !
Soyons plus sinceres tous deux.
A quel indigne prix me vends-tu mon empire ?

RICIMER.
Accorde-moi la main de ta fille...

RODOALD.
Grands Dieux !

RICIMER.
C'est pour elle que je soûpire.
Plains mon amour ; mais crains de rebuter mes vœux :
Songe, en nous unissant par d'aussi tendres nœuds,
Que c'est de mon bonheur que le tien va dépendre :
L'un par l'autre soyons heureux.
J'embrasse en toi mon pere ; en moi, chéris un gendre
Qui, fier de t'obéir, vaillant & généreux,
Vivra pour te servir, mourra pour te deffendre.

RODOALD.
(*haut.*)   (*à part.*)   (*haut.*)
Je t'entends... Je renais !.. Tu me connoîtras mieux.
(*à part.*)
O ciel ! pour un moment la vie encor m'est chere.

SCENE VII.

LES ACTEURS *de la scêne précédente*,
ERNELINDE, FEMMES *Norvegiennes*.

RODOALD.

JEttes-toi dans mes bras, viens confoler ton pere;
Viens, ma fille: je touche au moment du bonheur.

ERNELINDE.

A vos auguftes loix j'obéirai, fans doute;
  J'en jure par vous & mon cœur!
  Parlés: qu'ordonnés-vous?

RODOALD.
        Écoute.

Vois nos fertiles champs transformés en deferts;
  Tes palais livrés au pillage;
  Ton pere, au déclin de fon âge,
  Eft, à tes yeux, chargé de fers:
  De ce tiran voilà l'ouvrage.
Il demande ta main pour prix de fes forfaits:
  C'eft en toi feule que j'efpere.

Détefte ce barbare, autant que je hais:
  Qu'au fond de fon cœur fanguinaire
    Son fol amour

TRAGÉDIE.

Soit un vautour
Qui le ronge, & venge ton pere.
Qu'il menace, ou se désespere ;
Qu'à tes genoux il gémisse à son tour.

RICIMER.

Rends grâce à mon amour ; ce n'est qu'à sa puissance
Que tu dois l'instant de clémence
Dont je m'étonne encor.

RODOALD.

Que peux-tu contre moi,
Fier conquérant ? je te plains & te brave.
A tes honteux desirs obéis en esclave :
Maître ici de mon cœur, j'y parle seul en roi.

RICIMER.

Qu'on le charge de fers : à moi, soldats.

SCÈNE VIII.

Les ACTEURS de la scène précédente ;
SANDOMIR, à Ricimer, en s'oppôsant aux soldats.

Arrête !
Perce mon cœur, ou respecte sa tête.

RODOALD & ERNELINDE.

Sandomir !

RICIMER, à Sandomir.

Tremble, ingrat !

SANDOMIR.

C'est à toi de frémir :
Je suis près d'épuiser mon sang, pour les servir.

RODOALD.

Toi !.. qu'entends-je ?.. O mes Dieux ! quelle faveur
  nouvelle !
Ton bras s'arme pour nous, ennemi généreux ?
Je croyois te devoir une haîne éternelle ;
De ma fille pour toi j'ai condamné les feux :

Mais

TRAGÉDIE.

Mais tu veux la venger; tu deviens digne d'elle.
O mon cher Sandomir ! fois en ce jour affreux
Son époux & mon fils ; embraffe fa querelle :
Aux regards du tiran je vous unis tous deux.

SANDOMIR. Quel bonheur !
ERNELINDE. Sandomir !

RICIMER.

Et tous trois vous ferés mes victimes :
C'eſt trop vous pardonner de crimes.

Obéiſſés, foldats !
Qu'on faififfe leurs armes ;
Qu'ils fervent d'exemple aux ingrats.

SANDOMIR, *aux foldats.*

Songés-vous, qu'aux combats
Ma voix guidoit vos armes?

RODOALD, *aux foldats.*

Où courés-vous, foldats ?
C'eſt moi que tu défarmes,
Peuple lâche, fujets ingrats !

ERNELINDE, *à RICIMER.*

Mets le comble à tes attentats,
Peux-tu cruel, braver mes larmes?
Fais-les arracher de mes bras.

G

ERNELINDE, RICIMER.

Accâblés-les de chaînes.

ERNELINDE.

Prends pitié de mes peines!

RICIMER.

Qu'on ôte de mes yeux
Ces objèts odieux.

ERNELINDE.

Arrêtés!

SANDOMIR.

Chere amante!

RODOALD.

O ma fille!

ERNELINDE.

O mon pere!

RODOALD, ERNELINDE, SANDOMIR.

Quels horribles adieux!

RICIMER.

Obéiffés à ma colete :
Arrachés de mes yeux
Ces objèts odieux ;
Qu'on les charge de chaînes.

TRAGÉDIE.
ERNELINDE.
Prends pitié de mes peines!
RODOALD.
Songe à ton pere, à ton époux.
SANDOMIR.
Tous les Dieux s'armeront pour nous.
ERNELINDE.
Je veux expirer avec vous.
(*Les soldats entraînent* RODOALD *&* SANDOMIR.)

SCÈNE IX.
RICIMER, ERNELINDE, FEMMES *Norvegiennes*, SOLDATS.
ERNELINDE.
Quand sous leurs malheurs ils succombent,
Tu me deffends de partager leur sort!
RICIMER.
Par excès de clémence, ou de foiblesse encor,
Vous avés vu leurs fers; dites un mot, ils tombent.
ERNELINDE.
Unis la fille au pere, & l'amante à l'époux;
Je suis à tes genoux.

Tu vois une fille, une amante,
A tes piés elle est expirante,
Et ses cris seroient superflus?
Ah! cet amour, qui m'épouvente,
A-t-il dans ton cœur, qu'il tourmente,
Étouffé toutes les vertus?

Si mes foibles charmes
Ont touché ton cœur,
Peux-tu de mes larmes
Supporter l'horreur?

RICIMER.

Ton défespoir sur moi n'a que trop de puissance.
Ton pere & ton amant... leurs crimes sont affreux...
Ton amant.. son nom seul apelle la vengeance!

ERNELINDE.

Ah! s'ils sont criminels, ôse être généreux:
Pardonne.

RICIMER.

Eh bien, je pardonne à l'un d'eux.
Lequel veux-tu sauver? prononce.

ERNELINDE.

Justes Dieux!
Quoi, tu veux...moi, nommer...ah, quel arrêt terrible!
Mon pere... mon époux... o mortels, si chéris!

TRAGÉDIE.

C'est de la cruauté l'excès le plus horrible.
Que mon cœur palpitant soit déchiré.

RICIMER.

Choisis.
(*Il sort.*)

SCÈNE X.

ERNELINDE, un Lieutenant, Femmes, Soldats.

ERNELINDE.

Ils vont périr tous deux, si je differe.
(*à l'Officier.*)
Ah, volés sur ses pas ; qu'on délivre mon pere !
(*l'Officier & les soldats sortent.*)

Qu'ai-je dit?.. cher époux!... quoi, j'ai proscrit
tes jours ?
Ce cœur, que tu m'ouvris, c'est moi qui le déchire?...
Non, cruels! arrêtés... Je succombe...j'expire...
O mort ! j'implore ton secours.
(*elle tombe évanouie.*)

(*reprenant ses esprits.*)
Où suis-je?.. quel épais nuage
Me dérobe l'éclat des cieux ?
D'où vient que l'on m'entraîne au ténebreux rivage?
Les voiles de la mort enveloppent mes yeux...

Avançons... je frémis.. Dieux! quelle ombre effrayante
Devant moi se présente?...
J'entends de longs gémissements....
Son flanc est entr'ouvert.... le sang en coûle encore;
Ma vue irrite ses tourments....
C'est lui, c'est mon époux!... chere ombre, que j'adore,
Arrête!... quoi! tu veux me fuir?
Mon âme n'est point criminelle;
J'ai dû sauver mon pere.... ah, laisses-toi fléchir!.
Tu parles... je t'entends.... dans la nuit éternelle,
C'est ta voix qui m'appelle;
Je t'y suis, je vais t'obéir..

Oui, je cede au coup qui m'accâble,
Renais pour calmer ma douleur,
Cher époux!.. Tiran détestable,
Frémis, redoute un ciel vengeur!
Mais je suis encor plus coupable;
De tous deux j'ai fait le malheur.
Ah, je sens déchirer mon cœur
Par la tendresse & par l'horreur!
Oui, je cede au coup qui m'accâble.
Renais pour calmer ma douleur,
Cher époux!.. Tiran détestable,
Frémis, redoute un ciel vengeur!

FIN DU SECOND ACTE.

ACTE TROISIEME.

Le Théâtre représente une prison : vers le fond, on apperçoit differents souterreins ; sur les côtés, plusieurs cachots, fermés par des grilles de fer.

SCÈNE PREMIERE.

SANDOMIR, CHŒUR de Prisonniers.

SANDOMIR, *entrant sur la scène.*

Quoi, Rodoald est libre, & Sandomir esclave !
Je suis le seul qu'on accâble & qu'on brave.

CHŒUR.

O mort ! viens terminer les maux que nous souffrons.
O mort ! nous t'implorons.

SANDOMIR.

Quels longs gémissements percent dans ces abîmes !

CHŒUR.

O mort ! nous t'implorons.

SANDOMIR.

Voilà donc les accents des crimes !

CHŒUR.

O mort ! viens terminer, &c.

SANDOMIR.

Mon pere & mon épouse... ils ôsent m'outrager !..
Dans les bras du tiran je la vois... la cruelle !...

CHŒUR.

O mort, &c.

SANDOMIR.

J'eusse épuisé mon sang pour elle ;
Je la perds... je respire... & ne puis me venger !..

Tiran cruel, pere ingrat, femme impie,
Venés, rassemblés vous dans ce gouffre d'horreur ;
Venés accroître ma douleur :
J'aurois pour vous donné ma vie.

Tiran cruel, pere ingrat, femme impie ;
Qui de vous trois voudra percer mon cœur ?

Je sens mon âme anéantie.

Est-ce

TRAGÉDIE.

Est-ce amour ? est-ce terreur ?
Est-ce foibllesse ? est-ce fureur ?..

(*On apperçoit une lumiere, qui s'augmente en approchant.*)

Quelle clarté pénetre en ces murailles ?..
C'est la mort : je l'attends : sans pâlir, je la vois.
Toi, qui me la devois dans le sein des batailles,
Je te salue, o ciel ! pour la derniere fois.

SCÈNE II.

SANDOMIR, RICIMER, *précédé de flambeaux.*

SANDOMIR.

Dieux, Ricimer !

RICIMER.

C'est lui. Veux-tu me suivre ?

SANDOMIR.

Moi ! tiran ?

RICIMER.

Réponds : veux-tu vivre ?

SANDOMIR.

A quel prix !

RICIMER.

Cede à ton fort ;
Renonce à la beauté qui t'a rendu coupable,
Qui, pour toi feul, de fes mépris m'accâble.

SANDOMIR.

Je ne fuis point trahi !.. fais-moi donner la mort.

(*Il s'enfonce dans les fouterreins.*)

SCÊNE III.

RICIMER, SUITE.

Oui, je remplirai ton attente,
Je t'apprête un fuplice affreux :
Cette main, de ton fang fumante,
Au pié de nos autels, en préfence des Dieux,
Ira faifir la main de ton amante.

Oui, perfide, tu périras
Dans le défefpoir, dans la rage :
En expirant, tu me verras
T'accâbler du dernier outrage ;
Ravir ta femme de tes bras :
Et puiffe cette horrible image,
Te pourfuivre après ton trépas !

TRAGÉDIE. 59

SCÈNE IV.
RICIMER, RODOALD, Suite.

RICIMER.

Qui te ramene ici ? qu'y cherches-tu ?

RODOALD.

Des chaînes.
Pourquoi me laisser libre ?.. Ai-je encor des enfants ?
Ne les dérobe plus à mes embrassements.
Tu triomphes, cruel ! tu jouis de mes peines.
Rends-moi ma fille.

RICIMER.

Tiens, c'est elle : apprends ton sort.
(*Il sort.*)

SCÈNE V.
ERNELINDE, RODOALD, SANDOMIR.

ERNELINDE.

Vous, mon pere, avec ce barbare !..
Ah ! fuyés ces cachots, consacrés à la mort ;
Soyés libre, vivés.

H ij

RODOALD.
Quel crime se prépare ?
Réponds...

SANDOMIR, *revenant à la voix de la Princesse.*
Je te revois !

ERNELINDE.
O mon cher Sandomir !
O mon pere !

RODOALD.
Apprends-moi quel arrêt nous sépare.
Que devient ton époux ?

ERNELINDE.
Mon époux va mourir.

RODOALD.
Qu'entends-je ?

ERNELINDE.
Écoutés-moi. Ciel ! soûtiens mon courage.
Tous les deux vous deviés périr ;
Pour un seul... du tiran j'ai suspendu la rage
Mais...

RODOALD.
Acheve.

ERNELINDE.
Entre vous contrainte de choisir,

TRAGÉDIE.

La nature a parlé... j'en ai cru son langage;
(*à son pere.*)
Vous vivrés.

RODOALD.
C'est me faire outrage.

SANDOMIR.
Vous vivrés !

RODOALD.
Non; je n'y puis consentir.

SANDOMIR.
Vous le devés. Songés à faire un noble usage
De cette liberté, que vous laisse son choix.

Édelbert, en secret, rassemble les Danois :
Servés de guide à leur courage.

Que vos sujèts vaincus s'arment à votre voix;
Que Ricimer, surpris par ce nouvel orage,
Voie encor la Norvege obéir à vos loix.

RODOALD.
C'est le ciel qui t'inspire; & j'en crois ton présage.
Si j'ai su, dès mes jeunes ans,
A mon char enchaîner la gloire;
Les Dieux me doivent la victoire,
Quand je combats pour mes enfants.

ERNELINDE.

(à sa fille.)

Gardes-toi de verser des larmes ;
Je ne reçois point tes adieux.

Non, non ; je ne vous laisse en ces horribles lieux
Que pour courir plus vîte aux armes.

ERNELINDE.

Non, non, Seigneur, il n'est plus tems
De former des vœux pour la gloire :
N'esperés pas que la victoire
Puisse vous rendre vos enfants.

RODOALD.

Si j'ai su, dès mes jeunes ans,
A mon char enchaîner la gloire, &c.

SANDOMIR.

Devenés l'effroi des tirans ;
Sur vos pas ramenés la gloire.
Un roi commande à la victoire ;
Quand il combat pour ses enfants.

(RODOALD sort.)

SCENE IV.
SANDOMIR, ERNELINDE.
ERNELINDE.
Où court-il?.. à la mort!
SANDOMIR.
Non; c'est à la vengeance :
Esperés mieux.
ERNELINDE.
De qui! des hommes, ou des Dieux?
SANDOMIR.
Ils doivent se lâsser d'accâbler l'innocence.
ERNELINDE.
Et le tiran triomphe! & son crime est heureux!..
Mon pere va périr, sa deffaite est certaine.
Sais-tu quel sort t'attend? l'autel est préparé ;
On t'immole à ma vue, & je dois, à la tienne,
M'unir à Ricimer par un serment sacré.
SANDOMIR.
Je sens toute l'horreur où le destin nous livre...
Ton amant sait mourir.
ERNELINDE.
Et te dois-je survivre?

SANDOMIR.

O mon épouſe!.. ah, Dieux! que d'abîmes ouverts!

ERNELINDE.

L'amour a tout prévu. Les moments nous ſont chers ;
(*Elle tire deux poignards de deſſous ſon vêtement.*)
Tu vois ces deux poignards...pardonne. ſi je tremble:
Prends l'un...Chéris en moi l'amante d'un héros...
Approche...arme ton bras; &, nous frappant enſemble,
De notre ſang réuniſſons les flots.

SANDOMIR.

Donne. De ton amour voilà le premier gage ;
Il eſt affreux, il eſt cher à mon cœur ;
Il me rend l'eſpoir & l'honneur :
Donne... Tiran, nous braverons ta rage !

ERNELINDE.

Cedons à nos triſtes deſtins.

SANDOMIR.

Nous céder ! quand ce fer nous reſte.

ERNELINDE.

Peut-être en ce moment funeſte
En va-t-on déſarmer nos mains.

SANDOMIR.

Non, malgré le couroux céleſte,
Notre ſort eſt entre nos mains.

Jour

TRAGÉDIE.

ERNELINDE.

Jour affreux !..

SANDOMIR.

Cher objet d'une tendresse extrême !..

ERNELINDE.

Soyons unis.

SANDOMIR.

Dois-tu pleurer ?

ERNELINDE.

Ni le tiran, ni la mort même,
Rien ne peut plus nous séparer.

SANDOMIR.

Non, non ; auprès de ce qu'il aime
Chacun de nous est maître d'expirer.
Non, non ; auprès de ce qu'il aime, &c.

✶✶✶✶✶✶✶✶✶✶✶✶✶✶✶✶✶✶✶✶✶✶✶✶✶✶✶

SCÈNE VII.

SANDOMIR, ERNELINDE, un LIEUTENANT
de RICIMER.

L'OFFICIER.

LE vainqueur vous attend; suivés tous deux mes pas.

SANDOMIR, à ERNELINDE.

Viens : je cours le braver aux yeux de ses soldats.

(*Ils sortent.*)

I

SCÈNE VIII.

Le théâtre change & représente un temple magnifique, où tout est préparé pour le couronnement de RICIMER. *Aux deux côtés sont deux autels, sur l'un desquels est une épée : c'est sous ce simbole que les Scandinaves adoroient* OTHEN, *ou* ODEN, *ou* MARS. *L'autre autel est consacré à la déesse* FRIGA, *ou* VÉNUS. *On voit, dans le fond du temple, la statue du* DIEU ÉTERNEL, *ou* JUPITER, *élevée sur un piédestal posé sur un gradin de plusieurs marches.*

CHEFS du PEUPLE, VIEILLARDS, le GRAND-PRÊTRE, SACRIFICATEURS, *armés de haches;* LA GRANDE-PRÊTRESSE *& sa* SUITE; PEUPLES.

(*Les* SACRIFICATEURS *entourent l'autel consacré à* MARS *: les* PRÊTRESSES, *l'autel consacré à* VÉNUS)

CHŒUR.

GRands Dieux, augustes Dieux,
Recevés nos hommages :
Répondés à nos vœux.

TRAGÉDIE.

Le GRAND-PRÊTRE, & la GRANDE PRÊTRESSE.

Élevés sur un trône au-dessus des orages,
Vous, qui foûlés aux pieds les cieux :

(*Ils se prosternent tous.*)

Avec le CHŒUR.

Grands Dieux, augustes Dieux,
Recevés nos hommages.

SCÊNE IX.

LES ACTEURS *de la scêne précédente*, RICIMER, SOLDATS *de sa suite* ; SANDOMIR, ERNELINDE, GARDES.

(*Les Peuples se relevent.*)

RICIMER.

Interpretes des loix, vous, soldats, vous, Grand-Prêtre,
Ma voix vous rassemble en ces lieux :
Peuples du nord, dont le ciel me rend maître,
La fille de vos rois a mérité mes vœux :
La paix sera le prix de ces augustes nœuds ;
Et ce grand himen, où j'aspire,
S'il fait votre bonheur & celui de l'empire,
Doit être approuvé par vos Dieux.

ERNELINDE.

Promts à servir mon espérance ;
Élevés jusqu'aux cieux vos voix & mes desirs :
Prêtres, chantés le Dieu de la vengeance,
Chantés, jeunes beautés, la mere des plaisirs.

CHŒUR.

De Sacrificateurs.	De Prêtresses.
Dieu des combats, Dieu du carnage Veux-tu du sang? veux-tu des pleurs? Tu vas sous nos coûteaux vengeurs, Voir tomber le plus grand courage. Viens : la victime est digne des vainqueurs. Dieu des combats, Dieu du carnage, Viens te baigner dans le sang & les pleurs.	O Déèsse de l'himenée, Viens de l'amour sécher les pleurs; Viens embellir cette journée : Répands le calme dans les cœurs.

(*Sandomir & Ernelinde entrent vers la fin du Chœur : ils se placent entre les deux autels, au milieu des soldats.*)

RICIMER.

(*montrant Sandomir.*)

Prêtres, séparés-les : qu'aux autels on l'enchaîne ;
Voilà votre victime. Et, vous, héros du nord,

(*montrant Ernelinde.*)

Respectés votre souveraine :
Célébrés mon himen…

ERNELINDE.

Moi ! partager ton sort ?

TRAGÉDIE.

RICIMER, *aux* SACRIFICATEURS.
Et, vous frappés.

(*Ils font un mouvement.*)

SANDOMIR.

Moi ! tomber ta victime ?
Non, non ; l'honneur, qui nous anime,
Nous a dicté de plus fières leçons.
(*aux peuples.*) (*à* ERNELINDE.)
Respectés nos adieux. Embrassons-nous.

(*Les Prêtres se retirent.*)

SANDOMIR & ERNELINDE, *tirant leurs poignards.*

Mourons.

SCÈNE DERNIERE.

LES ACTEURS *de la scêne précédente*, RODOALD, *à la tête d'un gros de* NORVEGIENS; ÉDELBERT, *à la tête d'un gros de* DANOIS.

RODOALD, *séparant* ERNELINDE & SANDOMIR.

Arrêtés, mes enfants !

RICIMER.

Arrêtés, malheureux !

ERNELINDE,
RICIMER & SANDOMIR.
Que vois-je ? o ciel !
ERNELINDE.
Mon pere !..
Il est des Dieux.
CHŒUR des PRÊTRES, PRÊTRESSES & VIEILLARDS.
Fuyons ce temple sanguinaire.
(Ils courent se prosterner aux piés de JUPITER.)
RICIMER, à ses Troupes.
Soldats, armés-vous à ma voix.
RODOALD, à ses Troupes.
Peuples, que j'ai vengés, reconnoissés mes loix.
ERNELINDE.
Fuyés tous ce tiran, & suivés votre maître.
(Plusieurs des soldats de RICIMER passent du côté de RODOALD.)
SANDOMIR, voulant s'emparer d'une épée.
Donnés-moi cette épée.
RICIMER.
Immolés-moi ce traître.
EDELBERT, entrant à la tête d'un gros de DANOIS, & donnant une épée à SANDOMIR.
Prenés ce fer, & vengés-vous.
SANDOMIR.
Marchons.

TRAGEDIE.

RODOALD, SANDOMIR, ÉDELBERT,
& leurs PARTIS.

Vengeons nous ; combattons.
Triomphe, Dieu du carnage.

RICIMER & son PARTI.

Triomphe, Dieu du carnage.
Tremblés audacieux.

ERNELINDE & les FEMMES.

Soyés justes, grands Dieux !

LES PRÊTRES & les VIEILLARDS.

Potégés-nous, grands Dieux !

TOUS.

Triomphe, Dieu du carnage.
Protégés-nous, grands Dieux !
Tombés, audacieux.

(*Tandis que* RODOALD *combat* RICIMER *en tête,* SANDOMIR *le prend en flanc.*)

RODOALD à RICIMER.

Rends-toi ; rends ton épée.

RICIMER.

O rage !

(*On le désarme : le combat cesse : les Ingrois sont repoussés.*)

ERNELINDE.

Inflexible ennemi, te voilà donc vaincu !

RICIMER.

Qu'on me donne la mort; épargnés-moi l'outrage:
Vous l'emportés; j'ai trop vécu.

RODOALD.

Qu'on l'entraîne.

SANDOMIR.
(aux DANOIS. *)* *(à* RICIMER.*)*

Arrêtés. Ton cœur fut magnanime;
Je t'aimai, je l'ai dû : tu m'as voulu haïr;
Mais ton amour a fait ton crime,
Et ce n'est pas à moi de t'en punir.

RODOALD.

O mon fils! ta vertu m'éclaire.

RICIMER.

Où suis-je?.. Sandomir, ami trop généreux,
Tu lances dans mon sein un rayon de lumière
Qui le pénetre & défille mes yeux.

SANDOMIR, *à* RODOALD.

Respectable vieillard, remonte sur ton trône.

RODOALD.

Il m'est plus doux d'y couronner mon fils.

SANDOMIR.

Moi! Seigneur?

RODOALD.

Je te l'ordonne.

SANDOMIR,

TRAGÉDIE.

SANDOMIR, à Ricimer.

Raſſemble tes guerriers, retourne en ton pays.

RICIMER.

Oui, j'y vais annoncer ma volonté ſuprême:
J'entends déjà mon peuple applaudir à mon choix.
Je veux, qu'après ma mort, mon riche diadême
S'uniſſe, ſur ton front, à celui des Danois.

RODOALD, à Ricimer.

Le ciel a parlé par ta voix.
(à *Sandomir*.)

Réunis ſous tes loix les peuples les plus brâves;
Jouis, jeune guerrier, du plus illuſtre ſort:
Et, ſouverain des Scandinâves,
Sois le premier héros des couronnes du nord.

Peuples, ſoûmis à ſa puiſſance,
Venés, par vos reſpects, conſacrer cet inſtant:
Pour mériter ſa bienfaiſance,
Des dons que le ciel vous diſpenſe;
Dépoſés à ſes piés le tribut éclatant.

(*ENTRÉE* des Peuples *Norvegiens, Suedois, Danois*, qui apportent différents préſents aux piés de SANDOMIR & d'ERNELINDE.)

K

(ENTRÉE de Cosaques, de Tartares & de Lapons, divisés par quadrilles.)

(*On danse.*)

Une NORVEGIENNE.

Viens dans ces lieux regner, avec les Grâces;
Tendre Amour, enchaîne nos cœurs.
Les plaisirs volent sur tes traces;
Tu fais du nord fondre les glaces;
Tu fais par-tout naître des fleurs.
Viens dans ces lieux regner, avec les Grâces;
Tendre Amour, enchaîne nos cœurs.

Envain dans nos climats sauvages,
Dieu charmant, on voudroit te fuir:
Le moment où tu nous engages,
Est toûjours celui du plaisir.

Viens dans ces lieux, &c.

(*Ballet général.*)

CHŒUR.

Jeune guerrier, enchaîne la victoire;
Fais fleurir les arts dans la paix;
Regne sur nous par tes bienfaits;

Que l'on chante en tous lieux ta gloire.
Toûjours heureux, fois à la fois,
L'amour de tes sujèts & l'exemple des rois.

FIN DE LA TRAGÉDIE.

APPROBATION.

J'Ai lu, par ordre de Monseigneur le Vice-Chancelier, ERNELINDE, Tragédie-Lirique. L'impression en peut être permise. A Versailles ce vingt-neuf Octobre 1767.
DE MONCRIF.

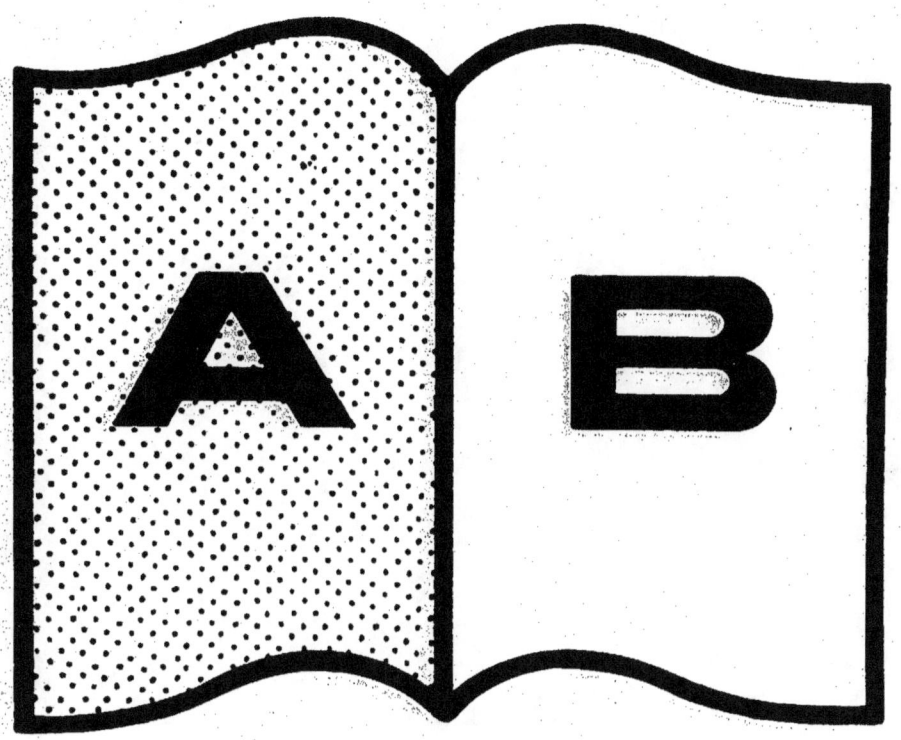

Contraste insuffisant

NF Z 43-120-14

www.ingramcontent.com/pod-product-compliance
Lightning Source LLC
LaVergne TN
LVHW051457090426
835512LV00010B/2185